SELBST BEWUSSTSEIN

by

Jennifer Weidmann

SELBST BEWUSSTSEIN

SOUL-TO-GO
EDITION
SEELEN-ENTFALTUNG

IMPRESSUM

Jennifer Weidmann
Winderatt 4
24966 Sörup
Deutschland
jennifer@urvertrauen.de

COPYRIGHT

BILDNACHWEIS

sämtliche Bilder und Fotos wurden freundlicherweise gemeinfrei von den Bilderplattformen pixabay und canva zur Verfügung gestellt

ERSTVERÖFFENTLICHUNG

Dezember 2020

HINWEIS

Achtung: die Arbeit mit diesem Buch ersetzt keine Behandlung beim Arzt oder ausgebildeten Psychotherapeuten. Alle Übungen übernimmt der Kursteilnehmer auf seine Verantwortung. Es wird keine Haftung übernommen

WWW. URVERTRAUEN- AKADEMIE.DE

Dein Reich für Seelen-Entwicklung und Seelen-Entfaltung

SOUL-TO-GO

SELBST BEWUSSTSEIN

SEELEN ARBEITSBUCH

LEKTORAT

Gabriele Röben

COVER DESIGN

Oliver Weidmann

LOGO SOUL-TO-GO DESIGN

Stevan Zivkovic

HERSTELLUNG UND VERLAG

BoD - Books on Demand, Norderstedt

BIBLIOGRAFISCHE INFORMATIONEN DER DEUTSCHEN NATIONALBIBLIOTHEK

Die Deutsche Nationalbibliothek verzeichnet diese Publikation in der Deutschen Nationalbibliografie; detaillierte bibliografische Daten sind im Internet über http://dnb.dnb.de abrufbar.

ISBN

9783752673678

URVERTRAUEN- AKADEMIE

Dein Reich für Seelen-Entwicklung und Seelen-Entfaltung
www.urvertrauen-akademie.de

Soul-To-Go

FÜR

CREATIVE ART PAGE

WILLKOMMEN

zu meiner Soulworkbook-Reihe
"Soul-to-go".

Ich habe die Reihe "Soul-to-go" geschaffen, um einzelne Seelenthemen so kompakt und bereichernd wie möglich für dich darzustellen.
Es ist ein Seelen-Arbeits- und Erfahrungsbuch.
Ein wertvoller Begleiter voller Inspirationen und Impulse für dich, dein Leben, deinen Lebensweg und deine Schöpfung der Realität.
Mögen diese Büchlein für dich segensreich sein.
Ich wünsche dir von Herzen ein großartiges und erfülltes Leben.
Am Ende dieses Buches stelle ich dir das passende Seelen Spray zum Themengebiet vor. Vielleicht hast du ja Lust, es dir als Begleiter für dieses Seelenbuch zu gönnen.
Des Weiteren erweitern wir die Reihe "Soul-to-go" ständig. Mehr Infos über diese außergewöhnliche Seelen-Reihe erhältst du auf der Webseite
www.urvertrauen.de

Alles Liebe, deine

JENNIFER WEIDMANN
Seelen-Begleiterin

DAS BUCH

Dieses Buch ist mehr als nur ein reines Lesebuch. Ich lade dich ein, es dir zu Eigen zu machen. Schreibe rein, gestalte die "creative art pages" nach deinen künstler-ischen Impulsen. Male, bastele, schreibe ein Gedicht oder eine Geschichte hinein. Es gibt viele Möglichkeiten, deiner Seele Raum des Ausdruckes zu verschaffen. Probiere dich aus.

DEIN SEIN

In den Soul-to-go Büchern bist du eingeladen, dich auf die Reise zu dir selbst zu begeben. Erlaube dir dafür Raum und Zeit. Tauche ein in deine ureigene Seelenweisheit. Es gibt dort viel zu entdecken

DANKE

Ich danke dir, dass du dich auf den Weg der Seelen-Entfaltung machst. Möge dein Licht hell erstrahlen und die Welt wandeln.

BEI FRAGEN

KONTAKTIERE MICH
jennifer@urvertrauen.de

HERZLICH WILLKOMMEN ZU DEN SEELEN ENTWICKLUNGSFELDERN

Wir treten nun ein in einen Bereich, der uns je tiefer wir darin einsteigen, aufzeigt, wie sehr wir Menschen uns doch alle ähnlich sind. Wie sehr wir uns doch alle gleichen.

Jeder Mensch setzt sich im Durchlauf seines Lebens ständig und kontinuierlich mit den Seelenentwicklungsfeldern auseinander. Bewusst oder Unbewusst. Diesen Entwicklungsfeldern kann keiner entkommen, sozusagen. Sie sind da und wir laufen auf dem Weg der Seelenspirale nur „nach oben" in dem wir jedes einzelne Seelenentwicklungsfeld ergreifen und transformieren, weiter und weiter.

Alle Seelenentwicklungsfelder laufen parallel bzw. zeitgleich ab. Mal tritt ein Entwicklungsfeld mehr in den Vordergrund, während ein anderes vielleicht fast vollständig unwichtig wird, um sich dann ganz plötzlich zu zeigen und Aufmerksamkeit einzufordern.

Wir werden uns jedes der zwölf Entwicklungsfelder einzeln in einem Soul-To-Go Buch anschauen. Aber wie du höchstwahrscheinlich schnell erkennen wirst, steht kein Entwicklungsfeld für sich alleine. Sie spielen alle zusammen, gehen Hand in Hand. Der Aufstieg in einem Feld erfordert die Erhebung eines anderen Felds.

Es ist ein fantastischer Tanz der Entwicklung, des sich gegenseitig Emporhebens, Bereicherns, Unterstützens oder auch Zerstörens, je nachdem, welche Bewusstseinsstufe gerade von uns eingeschaltet wird.

Es gibt, wie immer, hier kein Besser, Höher, Toller usw. Es kann gut sein, dass jemand schon unglaublich bewusst und von einer hohen Ebene aus agierend, das Seelenfeld „Selbst-Bewusstsein" ergriffen hat, hingegen jedoch im Feld „Selbst-Achtsamkeit" ständig seine eigenen und die Grenzen der anderen überschreitet.

So können wir von diesem Menschen sehr viel lernen im Bereich „Selbst-Bewusstsein" und ihm vielleicht zeigen, was „Selbst-Achtsamkeit" bedeutet.

So kommen wir auch zusammen in unseren Beziehungen, Freundschaften, mit Arbeitskollegen usw.

Im Wahrnehmen des anderen können wir viel über uns selbst und den Stand unserer Seelenentwicklungsfelder lernen. Wir tanzen eben viele Tänze: den mit uns und unserem Stand der Seelenentwicklungsfelder alleine und dann aber auch den Tanz mit den anderen Menschen und ihrem Seelenentwicklungsstand zusammen.

Erinnerst du dich an das Kosmische Gesetz des Ausgleichs? Dieses Gesetz hat sehr viele Facetten, wie du vielleicht schon erahnen konntest. Eine Facette ist, dass die Seele versucht, sich im Zusammentreffen mit anderen Seelen auszugleichen. Das geht –bedauerlicherweise- in beide Richtungen. Nehmen wir z.B. an, dass dein Selbst-Wert und deine Selbst-Liebe noch Entwicklungsbedarf haben, dann kann es gut sein, dass du dich einfach nicht traust, zu dir und deinen Idealen zu stehen und Dinge tust, die eigentlich nicht deinem Seelenbewusstsein entsprechen, einfach weil du geliebt werden möchtest. Du möchtest dazugehören und passt dein Verhalten an die Menschen an, denen du gefallen möchtest. So kann es passieren, dass du energetisch die Seelenspirale nach unten wanderst, um mit deiner Umgebung gleich zu schwingen.

Häufig ist dies ein unbewusster Schritt nach unten. Anzeichen für so ein Verhalten könnten sein: sich nicht gut fühlen, ein schlechtes Gewissen haben, psychosomatische Krankheiten, Müdigkeit und Abgeschlagenheit usw. Doch je bewusster du wirst, je weiter du die Entwicklungsfelder auf der Seelenspirale nach oben bringst, desto weniger wirst du nach unten gehen. Du wirst Menschen und Situationen in dein Leben holen, die zu deiner Schwingung passen bzw. die höher schwingen und dich inspirieren, selbst auch weiter hochzusteigen.

So ist unser Entwicklungsweg. Wir lernen von uns selbst und voneinander.

Nur als Anmerkung am Rande: Dies sind übrigens auch immer die Knackpunkte in einer partnerschaftlichen oder freundschaftlichen Beziehung. Wenn der eine etwas erkannt hat und ein Stückchen die Entwicklungsspirale emporsteigt, während der andere noch im alten Status Quo festhängt. Was passiert dann häufig? Derjenige, der nach oben stürmt, empfindet seinen Partner plötzlich als Ballast und mit seiner niedrigschwingenden Energie als Bremse für den eigenen Weg. ABER: Zu einer guten Beziehung gehört auch, dass man dem anderen die Zeit und die Gelegenheit gibt, sich an die neue Schwingung zu gewöhnen und sich selbst auch dorthin einzuschwingen. Sollte das nicht passieren, dann kann es sein, dass die Zeit gekommen ist, dass man getrennte Wege geht. Aber dann bewusst und aus dem Frieden heraus.

Ich habe in meiner Seelenberatung schon dermaßen oft erlebt, dass Menschen, sobald sie ein Stückchen die Seelenspirale hinaufgestürmt sind, alle Brücken hinter sich abreißen. Aus Euphorie und dem Gefühl „jetzt die große Erkenntnis" erlangt zu haben. Hier ist wirklich Vorsicht geboten. Denn die Realität kommt schneller als man gucken kann und Brücken, die einmal eingerissen wurden, lassen sich nicht so schnell wieder aufbauen.

Darum mein Tipp: Wichtige weitreichende Entscheidungen: immer treffen, wenn du aus dem Gefühl des Friedens handeln kannst, nicht aus Euphorie, nicht aus Angst, nicht aus „Tschaka mir gehört die Welt". Diese Gefühle haben alle ihre Berechtigung und es ist toll, Euphorie und Tschaka zu fühlen. Aber Trennungen von gemeinsamen Wegen, gleich welcher Art, versuch aus dem Gefühl des Friedens heraus zu fällen.

Wir tauchen nun gemeinsam ein in das große Lernfeld der Seelenentwicklungsfelder. Jedes einzelne Seelenentwicklungsfeld ist so dermaßen vielschichtig, dass ich es nur „anreißen" kann. Ich öffne dir eine Tür zu jedem Feld. Das weite Land, welches dahinter liegt, bereise so weit und ausgiebig, wie es sich für dich stimmig anfühlt.

Die Felder, die für dich selbst gerade Thema sind, wirst du wahrscheinlich tiefer erforschen wollen. Während andere Felder dich gerade überhaupt nicht reizen. Aber solltest du mit Klienten arbeiten, ist es wichtig, alle Felder zu kennen und auch zu wissen, wo man selbst gerade steht, um die Menschen, die sich dir anvertrauen, gut begleiten zu können.

Am Ende dieses Buches findest du eine Übersicht aller 13 Seelen-Entwicklungsfelder. Für alle gibt es eine Soul-To-Go Ausgabe für dich und deinen einzigartigen Seelen-Weg

Ich wünsche dir eine gute Reise. Öffnen wir nun die Tür zum ersten Seelenentwicklungsfeld: dem SELBST-BEWUSSTSEIN. Dem Anfang von allem.

Viel Freude.

Deine Jennifer Weidmann

E G O
V S
S E E L E

Wenn wir in die Seelenentwicklungsfelder einsteigen, dann setzen wir uns intensiv mit dem Spiel zwischen Ego und Seele auseinander. Letztendlich geht es darum, dass wir von der Seelenebene aus unser Ego bewusst ergreifen, um unser Leben so zu gestalten, dass es im höchstmöglichen Schwingungsfeld agiert.

Am untersten Punkt der Seelenentwicklungsspirale agiert ausschließlich das Ego in seiner niedersten Ausdrucksform. Die Seele ist in den hintersten Winkel des Seins verbant und wird absolut nicht gesehen und wahrgenommen. Nur aus dieser Position heraus können sehr schlimme Dinge von Menschenhand geschehen, wenn die Triebfeder des unbewussten Egos die Kontrolle über das Handeln eines Menschen erlangt hat. Von diesem niedersten Punkt arbeitet man sich stetig nach oben, bis man irgendwann den höchsten Punkt der Seelenspirale erreicht hat.

Hier hat die Seele vollständige Kontrolle über das Ego und drückt sich im höchstmöglichen Schwingungsaspekt aus, der als inkarnierte Seele machbar ist. Hier befinden wir uns an der Grenze zwischen Individualität und dem vollständigen Eintauchen in das absolute Eins-Sein oder All-Sein.

Noch einen Schritt weiter und wir würden unsere Individualität aufgeben und wieder eintauchen in die große Seeleneinheit. Aber eines der Seelenziele ist Individualität zu erfahren in seiner höchsten Ausdrucksform.

So wandern wir die Seelenspirale stetig nach oben. Es gibt keine Zeitangaben. Man kann innerhalb eines Lebens vom Niedrigsten zum Höchsten gelangen. Man kann aber auch Leben für Leben auf irgendeiner Stufe festhängen, weil es gerade schwer ist, den Knoten der Erkenntnis zu lösen. Alles ist möglich. Das Universum (Multiversum) ist äußerst geduldig mit uns Seelen hier auf der Erde.

Auf dem Entwicklungsweg geht es darum, dass die Seele das Ego immer mehr bewusst ergreift und beide zum Wohle der Seelenentwicklung zusammenarbeiten, um dieses Ziel letztendlich auch zu erreichen.

Aber wie du sicherlich schon selbst erkennst, ist die Spannbreite dessen, was an Ausdrucks-möglichkeiten zwischen dem niedersten aller Egoausdrücke bis hin zum höchsten aller Seelenausdrücke vorkommt, fast unendlich. Alle Facetten, alle kleinen Feinheiten können von der Ego/Seelen Kombination ausgedrückt werden.

Darum sind Astrologie, Kartenlegen oder andere „Wahrsage" Methoden nicht so gut aufgrund der Methode, die man anwendet, sondern sie ist immer nur so gut, wie der „Wahrsager", das Channelmedium oder der Astrologe sich in das Schwingungsfeld des Fragenden hineinschwingen kann, um zu erkennen, auf welcher Seelenentwicklungsebene dieser Mensch gerade handelt.

Es macht immer Sinn, sich am Höheren zu orientieren. Der Kranke am Gesunden, der Arme am Reichen. Der Unglückliche am Glücklichen. Von denen, die schon ein Stückchen weiter gegangen sind, kann man sich Inspiration holen und Impulse für den eigenen Lebensweg. Denn letztendlich strebt die Seele danach, sich weiter und weiter als Individuum zu entfalten und zu erfahren, höher und höher schwingend.

SEELEN-ENTWICKLUNGSFELD
SELBST-BEWUSSTSEIN

Das Seelen-Entwicklungsfeld, in welches wir nun einsteigen, ist das „Selbst-Bewusstsein", und gleich hier gilt es vorab zu klären: Was ist denn eigentlich „Selbst-Bewusstsein"?

In mir habe ich lange folgendes Bild von Selbst-Bewusstsein getragen und ich denke, dass das auch die gängige Definition unserer Gesellschaft darstellt: Selbstbewusst sind diejenigen, die sich trauen, sich in einer Menge hinzustellen und zu sagen: „Hier bin ich!" ohne sich klein und minderwertig zu fühlen. Selbstbewusst sind die, die wissen, was sie wollen und sich das auch einfach nehmen.

Selbst-Bewusst sind die „Tschaka-Typen". Oder zumindest erscheinen sie alle laut gängiger Meinung als selbstbewusst.

Aber ist das das wirkliche Selbst-Bewusstsein?

Menschen, die sich hinstellen und sagen: „Hier bin ich, was kostet die Welt" und über „Leichen" gehen, um ihr Ziel zu erreichen, bewegen sich häufig im Feld des „Ego-Selbst-Bewusstseins" und sind meistens im Feld des „Seelen-Selbst-Bewusstseins" noch recht unbedarft. Der Vorteil des Ego-Selbst-Bewusstseins: Sie erreichen ihre gesetzten Ziele häufig. Sie sind in der Lage, ihre Ängste zu überwinden und mutig ihren, vielleicht auch „egoistisch" erscheinenden Weg, voranzuschreiten.

Ego-selbst-bewusste Menschen sind wahre Macher Typen.

Aber letztendlich möchte uns das Seelenentwicklungsfeld „Selbst-Bewusstsein" dahin führen, dass wir wahrhaft innerlich erkennen, wer wir wirklich sind. Stückchen für Stückchen unseres Seelen-Selbst-Puzzles zusammensetzen, um dann das wunderschöne, einzigartige Bild, welches wir sind, erkennen zu können.

Achtung, nicht verwechseln mit Selbst-Erkenntnis. Das ist ein anderes Seelen-Entwicklungsfeld. Im Selbst-Bewusstsein geht es darum, wie das Wort schon sagt, sich seiner selbst bewusst zu sein. Wenn du dich umschauen magst in der Welt, gibt es unglaublich viele Möglichkeiten sich seiner selbst bewusst zu sein. Vom „ich bin ein Nachfahre der Höhlenmenschen" bis hin zu „ich bin Seele" gibt es alle erdenklichen Facetten.

WER BIN ICH? UND WARUM?

Einst ist die Seele aus dem großen Seelenbewusstsein herausgetreten, um genau das zu erreichen: Sich seiner selbst bewusst werden, um aus diesem Selbst-Bewusstsein alle anderen Seelenentwicklungsfelder von der Seelenebene aus ergreifen zu können. Aber das Spiel fängt mit dem Selbst-Bewusstsein an. Aus der Masse heraustreten und sich, nur sich selbst, wahrnehmen. DAS BIN ICH!
Das ist Individualität! Die Seele herausgenommen aus dem großen Seelen-Eins, um die Möglichkeit zu haben, sich als Seele überhaupt erkennen zu können. Um sich als Seele bewusst zu sein, was und wer man eigentlich ist.
Im wahren Selbst-Bewusstsein können wir unsere großartigen Seelen-potenziale und -fähigkeiten wahr-nehmen. Wir wissen, wer wir sind, was unser Seelenplan ist, welchen Lebensweg wir beschreiten wollen und auch warum wir ihn beschreiten wollen.

BIN ICH DER, DER ICH WIRKLICH SEIN MÖCHTE?

DIE FRAGE LAUTET, OB DU GLÜCKLICH MIT DIR SELBST UND DEINEM LEBEN BIST, SO WIE ES GERADE IST

Einem sehr im Egobereich verankerten Selbst-Bewusstsein brauchst du in der Regel mit Engeln und Seele nicht zu kommen. Selbst die Psyche ist schon absoluter Grenzbereich dessen, was akzeptiert werden kann. Vor der Geburt gibt es nichts und nach der Geburt auch nicht.

Das Leben ist ausschließlich begrenzt auf die kurze Lebenszeit, die einem im jetzigen Leben gegeben worden ist. Und weißt du was? Das ist überhaupt nicht schlimm. Menschen, die von dieser Ebene aus agieren, können herzensgute, welterhellende Seelen sein, für die es in dieser Inkarnation völlig ausreicht, sich in diesem Feld so zu bewegen.

Auf den höheren Ebenen wirst du dir immer mehr bewusst, dass es etwas vor diesem Leben gab und dass es etwas nach diesem Leben gibt. Alles fängt an, in einem größeren Kontext sich zu ordnen. So geht es weiter bis wir irgendwann fast das „totale" Selbstbewusstsein erlangen.

Von diesem Punkt aus, bist du dir wahrhaft bewusst, wo dein Ursprung liegt, von wo du einst gekommen bist und wohin du einst wieder gehen wirst. Im fast „absoluten" Selbst-Bewusstsein wird dir klar, was dein Seelen-plan ist, deine wahre Lebens-aufgabe.

In diesem Moment stehst du kurz vor der absoluten Einheit. Dann würde die Individualität verschwinden und eintauchen ins All-Sein-Bewusstsein.

Wir alle befinden uns irgendwo zwischen dem niedrigsten und höchsten Pol und versuchen, so gut es geht unser Leben zu meistern

1 Sich selbst wahrnehmen:
- als der, der man einst war
- als der, der man jetzt ist
- als der, der man zukünftig sein möchte

2 Selbst-Bewusstsein ist ein ständiger Prozess des sich selbst Definierens

3 Selbst-Bewusstsein ist ein ständiges Ausloten und Ausprobieren der eigenen Potenziale und Fähigkeiten

4 Selbst-Bewusstsein erfordert den Mut, über die eigenen Grenzen hinauszuschauen, nach Höherem zu streben, Neues zu wagen

5 Selbst-Bewusstsein bedeutet, sich bewegen im eigenen Körper, im Geiste und auf Seelen-Ebene

Was gefällt dir so richtig gut an deinem Sein?

Wo würdest du gerne anders sein?

Was müsstest du dafür ändern?

Bist du bereit, dafür in die Veränderung zu gehen?
Wenn ja? Was sind deine nächsten Schritte?
Wenn nein, warum nicht?

MEIN DERZEITIGES
SELBST-BEWUSSTSEIN

CREATIVE ART PAGE

Wenn das Selbst-Bewusstseinsfeld sich meldet

In der Regel leben wir so vor uns hin und versuchen die Dinge, die da kommen, so gut es geht zu meistern. Selten stellen wir uns hin und sagen: „Ich werde jetzt selbstbewusster".

Aber es gibt Anzeichen, die darauf hindeuten können, dass es Sinn macht, das Seelenentwicklungsfeld Selbst-Bewusstsein näher zu beleuchten.

Hierzu gehören Aggressionsgefühle jeglicher Art. Auch unerklärliche Aggressionsgefühle, die einen plötzlich wie aus heiterem Himmel überkommen.

Ängste aller Art, aber insbesondere Ängste vor Neuem, vor Ungewohntem, vor dem Verlassen des Alten, vor Verlieren, vor Unterdrückung, vor Verbindungen, dem Ersticken, um nur einige zu nennen.

Des Weiteren gehört in dieses Seelenentwicklungsfeld die Mutlosigkeit bzw. mangelnder Mut. Mangelnder Mut sich auszuprobieren, über den Tellerrand zu schauen, neue Wege einzuschlagen, mangelnder Mut mal zu fallen, mangelnder Mut vor Fehlern und etwas wagen.

Einige dieser „Problemfelder" werden uns in den Seelenentwicklungsfeldern häufiger begegnen, denn schließlich ist jedes mit allem verbunden. Das eine geht in das andere über, so dass es schwierig ist, hier ganz klare Grenzen zu ziehen. Und da wären wir auch schon beim Thema: Grenzen. Denn auch dieser Aspekt gehört u.a. mit in das Selbst-Bewusstseinsfeld.

Und zwar auf beiden Pol-Seiten: einmal sich nicht trauen, die eigenen Grenzen zu erforschen, auszuloten und vielleicht auch mal zu verlassen und dann die andere Seite: zu weit über die eigenen Grenzen hinausgehen und damit die Grenzen des anderen u.U. massiv zu verletzen, zu übertreten, einzudringen oder sogar zu bedrohen. Hier spielen auch die Kampf- und Kriegsspiele eine Rolle.

Diktatoren, ob nun als Landesführer oder auch im kleinen Betrieb oder in der Familie, haben oft ein massives Problem mit dem Selbstbewusstseinsfeld. Möchte man nicht sofort auf den ersten Blick meinen, da sie sich nach der gängigen Definition von Selbst-Bewusstsein doch sehr selbst bewusst zeigen, oder? Aber wer die Grenzen eines anderen bedroht, überschreitet, verletzt, agiert auf einer unteren Ego-Selbst-Bewusstseinsebene. Das Ego steht hier im absoluten Mittelpunkt.

Übrigens: hier geht es niemals um verurteilen oder bewerten, ob das jetzt gut oder schlecht ist. Es geht hier nur um Wahrnehmen, wie die Dinge sind und die Frage: Wie gut ist es für mich und für alle anderen, dass es so ist, wie es ist. Wenn alle happy und zufrieden in einer diktatorischen Firma oder Familie sind, ist doch alles prima. Aber in der Regel ist es ja nicht so. Des einen angebliches Glück, ist dann die Verletzung der Grenze eines anderen und so etwas wird, wie wir wissen, nach all unseren Studien über die universellen Seelengesetze, niemals Glück auf Dauer hervorbringen. Das funktioniert nicht.

Auch ein Diktator wird über kurz oder lang fallen, weil alles, was man aussendet, zu einem zurückkommt. In diesem oder in einem anderen Leben.

Das Universum ist gerecht und die Seele strebt nach Ausgleich.

Manchmal weiß man gar nicht, dass man ein Grenz-Problem hat. Man fühlt sich vielleicht nur ständig müde und ausgelaugt, weil man unbewusst kontinuierlich über seine Grenzen geht oder darüber klagt , dass man ausgenutzt wird, gemobbt wird, übergangen wird usw. In irgendeiner Form werden die Grenzen hier nicht gewahrt und verletzt. Wenn du nicht weißt, dass wir es hier mit Grenzproblemen zu tun haben, fehlt hier das Selbst-Bewusstsein für sich selbst. Erst im Selbst-Bewusstsein können wir letztendlich auch alle anderen Seelenentwicklungsfelder ergreifen.

Wie soll ich Selbst-Achtsamkeit ausüben, wenn ich mir gar nicht bewusst bin, dass ich nicht gut mit mir selbst umgehe?

Wie sieht es mit meinem Selbst-Wert aus, wenn ich mir gar nicht bewusst bin, dass andere mich und meine Fähigkeiten vielleicht ständig ausnutzen.

Das Selbst-Bewusstsein ist der Universal-Schlüssel für die Türen zu allen anderen Seelenentwicklungsfeldern. Sei dir deiner selbst bewusst und je bewusster du dir über dich selbst wirst, desto anders wirst du dein Leben und die Themen, die darin auftreten, ergreifen.

Auf der kommenden Seite habe ich dir eine kleine Liste von Signalgefühlen zusammengestellt, bei denen du unbedingt hellhörig werden solltest, wenn sie dir in deinem eigenen Leben begegnen. Sie rufen nach dem Anschauen des Feldes „Selbst-Bewusstsein".

SELBST-BEWUSSTSEIN

Aggression

Stagnation

Ängste

Mutlosigkeit

Tabula Rasa Handlungen

Kriegsgefühle
Kampfgefühle

Radikalität

im Alten stecken bleiben

Status Quo

Probleme mit Grenzen
zu weit gehen
zu wenig gehen

Wir alle kennen ja sicherlich das Problem, wie viel leichter es uns Menschen fällt, die anderen zu kritisieren und zu bewerten, anstatt bei uns selbst zu schauen und das Paradoxe: Tausend Menschen können dir sagen, wie toll du bist. Der, der nachhaltig Wirkung zeigt, ist der eine, der uns kritisiert. Unsere Selbst-Wahrnehmung ist extrem subjektiv gefärbt. Von dieser subjektiven Färbung aus fangen wir an, unser Leben zu gestalten.

Als ich als Jugendliche magersüchtig war, war mir ganz klar und es lebte in mir das Bild: ich bin zu dick. Da hätten jetzt tausend Menschen kommen können und sagen: "Du bist schlank!" Ich hätte ihnen nicht geglaubt. Wäre einer gekommen und hätte gesagt: "Du bist aber dick!" Ich hätte ihm aus vollem Herzen zugestimmt.

Wenn tausend Menschen dich loben, aber du nimmst dir den einen einzigen Kritiker zu Herzen, dann sagt es wenig über den Kritiker aus. Es sagt Welten über dich und deine Selbst-Wahrnehmung aus. Darauf, wo du anspringst, liegt deine Selbst-Wahrnehmung verborgen. So ist es bei dir und so ist es bei den anderen Menschen.

Das riesige Problem bei der Selbst-Wahrnehmung und generell im Selbst-Bewusstseinsfeld und all den anderen Seelenentwicklungs-feldern ist, dass die Wandlung und Erhöhung nur von Innen heraus geschehen kann. Von außen kann dir keiner Selbst-Bewusstsein, Selbst-Wert, Selbst-Liebe etc. einpflanzen.

Sie kann nur von innen heraus sich entfalten und zur Blüte kommen. Aber das Außen kann uns wie immer helfen, uns selbst zu erkennen.

DURCH DAS AUSSEN DAS INNERE ERKENNEN

Das Außen kann uns unsere Themenfelder aufzeigen – wie beim Kritikpunkt- an denen wir noch arbeiten und wachsen können, wenn wir es denn wollen. Manchmal muss die Gedankenspule erst vollständig abgelaufen sein, bevor man überhaupt bereit ist, sich gedanklich auf eine neue Ausrichtung einzustellen. Sprich: Manchmal fällt man erst ganz tief, bevor man bereit ist, den Kopf aus dem Schlamm zu heben und sich bewusst dafür zu entscheiden, jetzt ein neues Leben anzufangen. Für Außenstehende ist der tiefe Fall des Anderen häufig ganz, ganz schwer zu ertragen und auszuhalten. Man will helfen, den anderen retten, ihn wieder aufstellen. ABER: der Impuls muss von dem kommen, der fällt, sonst ist alles andere vergebene Liebesmüh und kann dich, u.U. auch in den Schlamm ziehen.
Es ist manchmal extrem schwierig, Menschen zu erreichen, wenn sie im geistigen Selbst-Bewusstseins-Hamster-rad gefangen sind, wie z.B. bei Magersüchtigen oder bei Armuts-bewusstsein, bei Drogenabhängigen oder anderen Süchten.

Es muss auch nicht gleich in so dramatischen Auswüchsen daher-kommen. Aber wir erinnern uns: Die kosmischen Gesetze wirken und die Seelengesetze wirken. Wenn man immer durch das Leben geht, denkend: Was bin ich doch für ein armes Hascherl, dann wird es das sein, was wir selbst vom Leben wahrnehmen. Unsere Selbst-Wahr-nehmung hat sich fokussiert. Selbst, wenn wir jetzt eine Million Euro gewinnen würden, wären wir in der Lage, die so schnell durchzubringen, damit hinterher unser Selbst-Bewusstsein wieder in Einklang mit unserer Selbst-Wahrnehmung schwingt: Was bin ich doch für ein armes Hascherl, selbst die Million ist mir nicht geblieben.
Sicherlich merkst du schon, dass die Seelenentwicklungsfelder sehr facettenreich und komplex sind und es eigentlich überhaupt kein Wunder ist, dass wir mehrere Leben benötigen, um hier überhaupt durch zu blicken und Land zu gewinnen.

FINDE DEN PUNKT, WO DU EMOTIONAL WIRST - VON HIER AUS BEGINNT DIE REISE

In der Regel basteln wir uns eine Strategie, wie wir denken, am besten durch das Spiel des Lebens hindurchzukommen. Manchmal haben wir einen guten Lauf und manchmal scheint alles den Bach herunterzugehen. Das Leben und was darin passiert, scheint chaotisch und unberechenbar. Unsere Wahrnehmung liegt eher im Außen und bei den anderen, als bei uns selbst. Wenn wir bei uns selbst schauen, dann eher von der Position des Opfers heraus: Das Leben ist ungerecht, die anderen sind ungerecht, nie bekommt man das große Los. Wären die anderen Menschen so oder so, dann würde es mir besser gehen usw.

Wahres Seelen-Selbst-Bewusstsein zu ergreifen, zu entwickeln und anzuwenden, ist ein stetiger Lern- und Wandlungsprozess. Aber im ständigen Ausloten deiner selbst behältst du die Kontrolle über das, was mit dir und in deinem Leben geschieht.

Die erste Frage lautet daher immer: WAS HAT DAS MIT MIR ZU TUN? Wenn du auf irgendetwas anspringst: Was hat das mit mir zu tun? Wenn du dir irgendetwas schwer zu Herzen nimmst: Was hat das mit mir zu tun?

In dieser Frage liegt der Ansatzpunkt der Erkenntnis über dein Selbst-Bewusstsein und wie du gerade dich in der Welt wahrnimmst.

Achtung, jetzt verrate ich dir noch ein Geheimnis: Die Antwort kann tatsächlich auch mal lauten: Es hat eigentlich überhaupt nichts mit dir zu tun, sondern mit jemandem in deinem Umfeld und doch gehst du damit in Resonanz. Finde heraus warum?

SELBST-BEWUSSTSEIN

Fahrplan

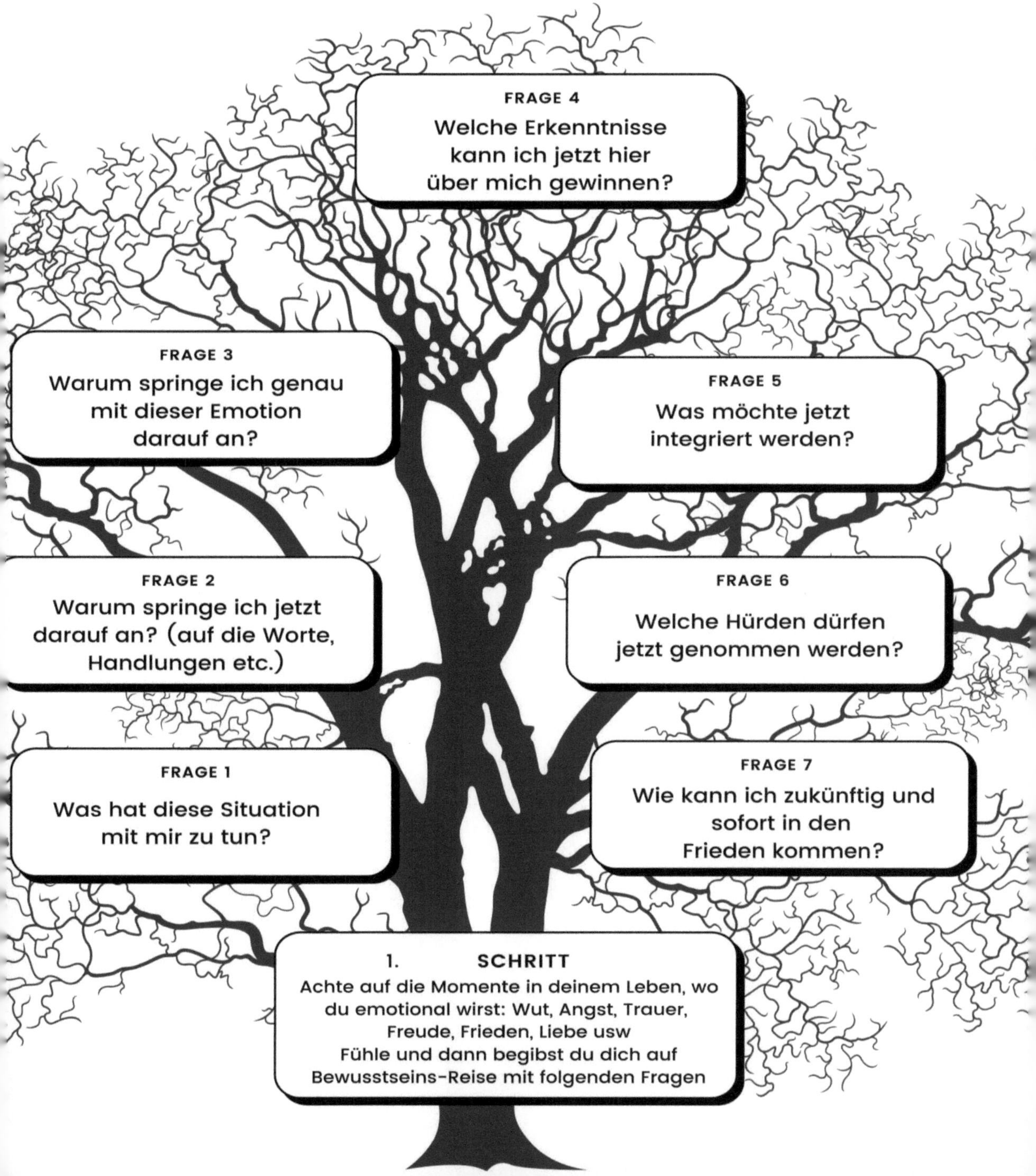

FRAGE 4

Welche Erkenntnisse kann ich jetzt hier über mich gewinnen?

FRAGE 3

Warum springe ich genau mit dieser Emotion darauf an?

FRAGE 5

Was möchte jetzt integriert werden?

FRAGE 2

Warum springe ich jetzt darauf an? (auf die Worte, Handlungen etc.)

FRAGE 6

Welche Hürden dürfen jetzt genommen werden?

FRAGE 1

Was hat diese Situation mit mir zu tun?

FRAGE 7

Wie kann ich zukünftig und sofort in den Frieden kommen?

1. SCHRITT

Achte auf die Momente in deinem Leben, wo du emotional wirst: Wut, Angst, Trauer, Freude, Frieden, Liebe usw
Fühle und dann begibst du dich auf Bewusstseins-Reise mit folgenden Fragen

DIE GESCHICHTEN DEINES LEBENS

Übung für das
Seelen-Entwicklungsfeld
Selbst-Bewusstsein

Ich liebe die nun folgenden Übungen. Du betrachtest jetzt drei Geschichten deines Lebens aus der Perspektive eines Lesers, der diese Geschichten gelesen hat.

Einmal geht es um die Geschichte deiner Vergangenheit, einmal um deine jetzige Geschichte und dann um die Geschichte deiner Zukunft.
Die Geschichte deiner Vergangenheit kannst du für dich vielfältig angehen. Probiere für dich aus, was sich für dich am stimmigsten anfühlt. Du kannst dein ganzes bisheriges Leben nehmen für die Beantwortung der Fragen oder du suchst dir eine ganz besondere Stelle aus deiner Vergangenheit heraus, die dich besonders bewegt hat, besondere Erkenntnisse gebracht hat.

In diesem Fall kann man diesen Fragebogen auch mehrmals ausfüllen, für verschiedene Stationen im Leben und besonders Interessant wird es später, wenn du die anderen Entwicklungsfelder angehst und man diese Aufgabe unter dem Aspekt des jeweiligen Entwicklungsfeldes anschaut. So kann man gut Erkenntnisse gewinnen, wo es vielleicht anfing, dass man Probleme mit z.B. dem Selbst-Wert, der Selbst-Achtsamkeit, der Selbst-Liebe bekommen hat oder auch, wie sich manche Dinge wie ein roter Faden durch das Leben gezogen haben und immer wieder zum Vorschein kamen, nur in unterschiedlichen Gewändern.

Aber für dieses erste Mal würde ich dir raten, wähle die Geschichte aus deiner Vergangenheit, die dich jetzt am meisten bewegt oder immer noch gedanklich und/oder emotional beschäftigt.

Für die Gegenwart: Beschreibe nun deine Jetzt-Situation aus der Perspektive eines Erzählers. Natürlich beinhaltet diese Gegenwart auch die nahe Vergangenheit und die nahe Zukunft, so weit wir diese schon einschätzen und überblicken können. So können wir sehen mit der Geschichte der Vergangenheit und der Geschichte der Gegenwart, welchen Weg oder welche Wege wir gegangen sind. Für die Gegenwart wähle den gleichen Entwicklungsaspekt wie in der Vergangenheit. Damit meine ich: Wenn du dir in der Vergangenheit vielleicht eine alte Liebe angeschaut hast, dann schau in der Gegenwart, wie du jetzt Liebe lebst. Oder du hast dir Beruf angeschaut, dann schau in der Gegenwart, wie es jetzt mit dir und Beruf/Berufung aussieht.

Weiter geht es mit der Zukunft. Hier tauchen wir nun ein in den Bereich der Schöpfung. Du hast dir deine Vergangenheit angeschaut, du hast eine Bestandsaufnahme der Gegenwart gemacht: Wo soll es für dich in dem Bereich, den du gewählt hast,
hingehen? Was möchtest du erfahren, leben, geben und nehmen?
Fang hier an zu träumen. Aber vor allem, sei ehrlich, wirklich ehrlich zu dir selbst. Wie möchtest du den Aspekt, den du für diese Triologie "Vergangenheit-Gegenwart-Zukunft" gewählt hast, zukünftig erfahren? Auch wenn dir die Realisierung unmöglich erscheit. Macht nichts. Schließlich bist du jetzt ein Erzähler einer Geschichte und in der Welt der Seelen-Schöpfung ist alles möglich. Wähle aus diesen Möglichkeiten und vielleicht wird es dann doch real.

Wann spielt die Geschichte: So alt war ich damals

....

Mein Titel für die Geschichte aus meiner Vergangenheit

Stichwörter:

Meine Geschichte von damals

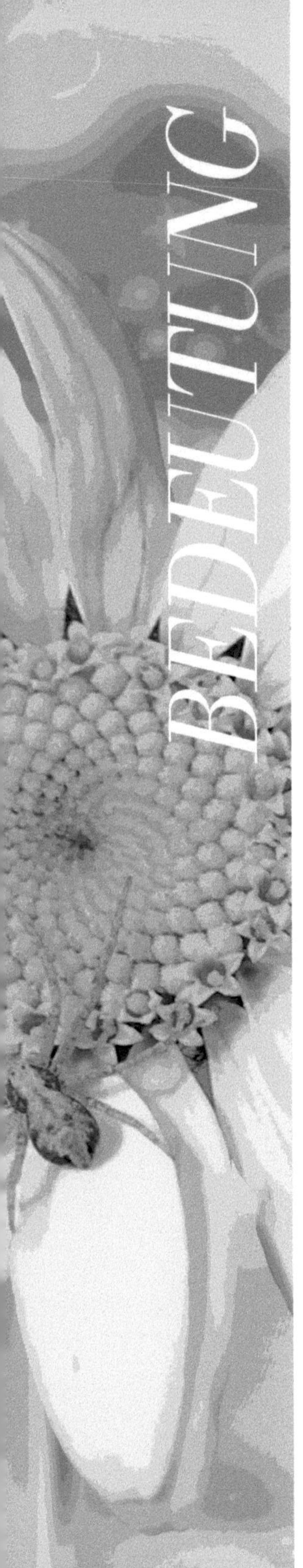

TITEL

Warum hast du dieses Erlebnis aus deiner Vergangenheit gewählt?

Wie beeinträchtigt das Erlebte dich heute noch?

Könntest du zurückreisen: Was würdest du an der Geschichte verändern?

Was hast du aus dem Geschehenen gelernt?

MEINE GEFÜHLE ZUR DAMALIGEN GESCHICHTE

CREATIVE ART PAGE

Datum   So alt bin ich jetzt

···

Mein Titel für die Geschichte meiner Gegenwart

Stichwörter:

Meine Geschichte von heute

TITEL

Wie geht es dir emotional mit deiner Geschichte aus der Gegenwart?

Welche Parallelen gibt es zur Vergangenheitsgeschichte?

Was hat sich gewandelt? Oder wo hast du dich gewandelt?

Was darf sich jetzt noch verändern, damit es schöner werden kann?

SO EMPFINDE ICH
MEIN GEGENWÄRTIGES LEBEN

CREATIVE ART PAGE

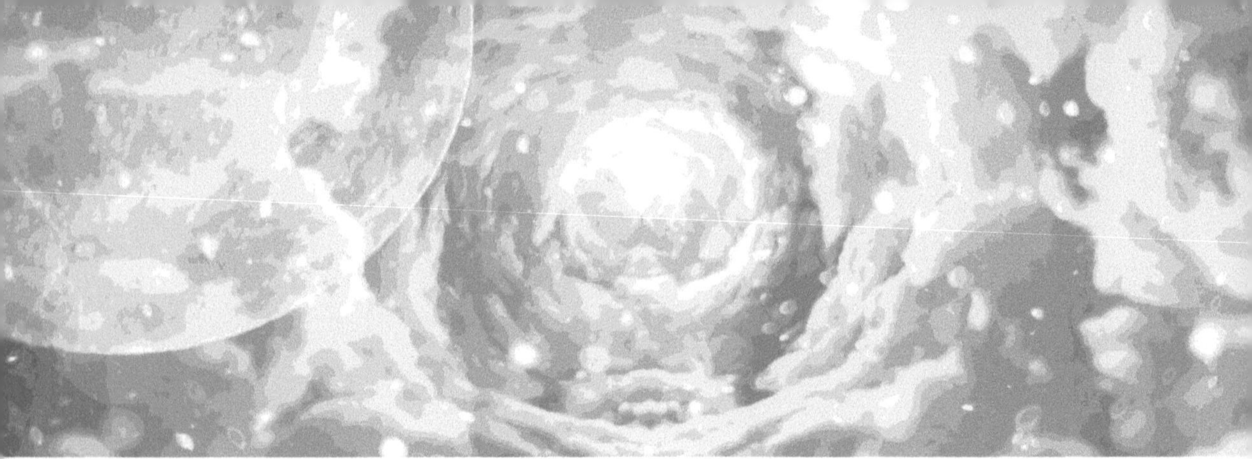

Wann?   Ich bin dann so alt:

···

Mein Titel für die Geschichte meiner Zukunft

Stichwörter:

Meine Geschichte der Zukunft

TITEL

Wie möchtest du dich zukünftig fühlen?

Was kannst du dafür tun?

Wo ist es Zeit, die Kontrolle über das eigene Sein zu übernehmen?

Was erkennst du gerade über dich selbst und deine Bedürfnisse?

MEINE VISION
FÜR MEINE ZUKUNFT

EMOTIONALER AUSDRUCK DER SEELEN-ENTFALTUNGS-PROZESSE

Nun werden wir uns vier, ich nenne sie mal Hauptemotionen mit ihren Gegensatzpaaren, anschauen. Die da sind: Aggression/Tatkraft, Angst/Mut, Hass/Liebe, Trauer/Freude.

Natürlich gibt es noch tausend weitere emotionale Facetten, aber meines Erachtens sind diese vier Hauptemotionen die stärksten, die bei uns wirken und ausdrücken, wo wir gerade stehen im Entwicklungsprozess.

Es gibt eben nicht nur „die Aggression". Es gibt verschiedene Gründe, warum wir plötzlich Aggressivität in uns fühlen. Genauso verhält es sich mit den anderen oben genannten Emotionen.

Selten, dass man generell mit Hass erfüllt ist. Es kann gut sein, dass du es wirklich liebst, auf der Erde zu sein, du aber Hass fühlst im Bereich Selbst-Liebe. Sämtliche Spielvarianten sind möglich. Je weiter wir in den Seelenentwicklungsfeldern voran-schreiten, desto runder und eindeutiger wird das Gesamtbild. Darum nicht gleich verzweifeln, wenn es jetzt zu Beginn sehr komplex und unübersichtlich erscheint. Je mehr Licht wir hineinbringen, desto besser werden wir das ganze durchschauen können. Letztendlich ist es eine Übung im ständigen Beobachten von sich selbst und den anderen Menschen. Wann reagierst du wie? Und warum reagierst du so? Welche Gedanken und Gefühle stecken dahinter? Was will sich zeigen? Was verlangt nach Aufmerksamkeit?

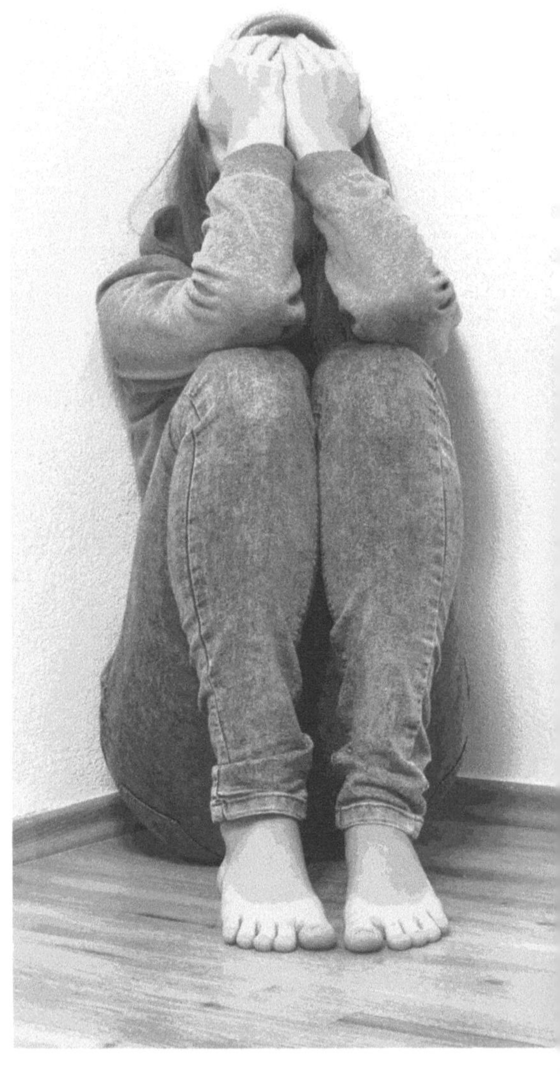

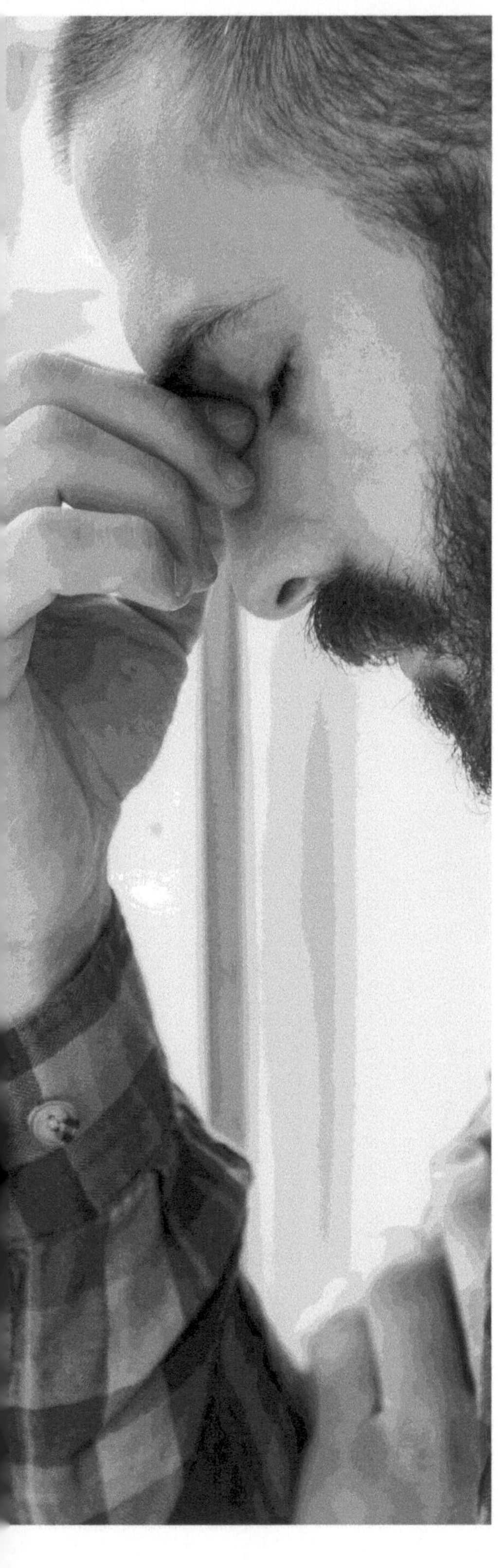

All die Gefühle, wie Aggression, die Trauer, der Hass, die Angst kommen, um uns zu sagen: „Hey, hier läuft irgendetwas nicht so rund, wie es eigentlich laufen könnte. In deinem Seelenplan ist es schöner, größer, erfüllter geplant. Hallo! Schau doch mal hier hin!"

Das rufen uns die „negativen" Emotionen zu. Sie können nur da sein, weil die Gegenseite, die „lichte und positive" Seite darauf wartet, uns in Empfang zu nehmen. Doch leider sind wir häufig nicht in der Lage, aus einem höheren Bewusstseinslevel unsere Emotionen zu verstehen und zu ergreifen. Die Emotionen kommen und sie durchfluten unseren ganzen Körper, und wenn wir „Pech haben", übernehmen die Emotionen die Kontrolle über unser Denken und Handeln gleich mit. Das, was als Zeichen für Entwicklungschancen ausgesandt wurde, wird nicht ergriffen.

Stattdessen leben wir die „negativen" Emotionen aus und richten häufig damit erstmal „Chaos" an. Wir nehmen die Aggression und zetteln einen Streit vom Feinsten an, wir versinken in der Trauer in Selbstmitleid und in die Opferrolle. Der Hass bringt uns dazu, böse Dinge zu denken, zu sagen und vielleicht sogar zu tun und die Angst engt uns so ein, dass konstruktives Handeln fast nicht mehr möglich ist.

Emotionen haben ein unglaublich starkes Kraftpotenzial. Wenn wir das erkennen und diese Energie nutzen, statt in ihnen zu versinken, dann ist die „lichte" Seite nicht mehr fern. Dann ist es möglich, bewusst und aktiv, die Medaille zu drehen und den Blick auf das Licht fallen zu lassen.

Emotionen helfen dir, dich selbst zu erkennen, dich selbst wahrzunehmen. Sie sind unsere Verbündeten auf dem Seelenentfaltungsweg. Sie können uns sehr präzise Auskunft darüber geben, wo wir uns gerade befinden auf dem Lebensweg. Sie können uns Wegweiser sein für die nächsten Schritte, die gerne gegangen werden möchten.

Emotionen sind immer so gut, wie du bereit bist, etwas aus ihnen zu machen. Ja, du kannst von einer Welle der Aggression überflutet werden, aber keiner zwingt dich dazu, dann auch gleich das Haus kurz und klein zu schlagen.

Man hat immer die Wahl. Wichtig ist nur, dass man sich nicht von seinen Emotionen beherrschen lässt und sie nicht die Kontrolle über uns übernehmen. Dafür waren Emotionen nicht gedacht. Sie sind ein Kompass für die Seele. Aber es obliegt dem Ego/Geist, diesen Kompass vernünftig zu lesen und vor allem bewusst danach zu handeln.

Eine der wichtigsten Aufgaben im Selbst-Bewusstsein: die eigenen Emotionen bewusst zu ergreifen und nicht ihr willenloser Sklave zu werden. Du hast immer die Wahl, was du aus deinen Emotionen machst und das mit viel Liebe, denn es ist eine der größten Künste, die eigenen Emotionen bewusst wahrzunehmen, nicht in ihnen zu versinken, sie nicht destruktiv, sondern konstruktiv zu ergreifen, um ihre dahinter liegende Botschaft zu hören und zu verstehen.

Du hast alle Zeit der Welt dafür. Aber, dein Leben wandelt sich radikal, wenn du Emotionen anerkennst, auch die und vielleicht gerade die „dunklen", als Botschafter und als Aufforderung, dass hier noch was im Ungleichgewicht ist. Sie sind gut. Sie gehören zu uns. Und: sie wollen ins „Lichte" gewandelt werden.

Ich wünsche dir viele gute Erkenntnisse bei diesem, wie ich finde, äußerst spannenden Lernfeld.

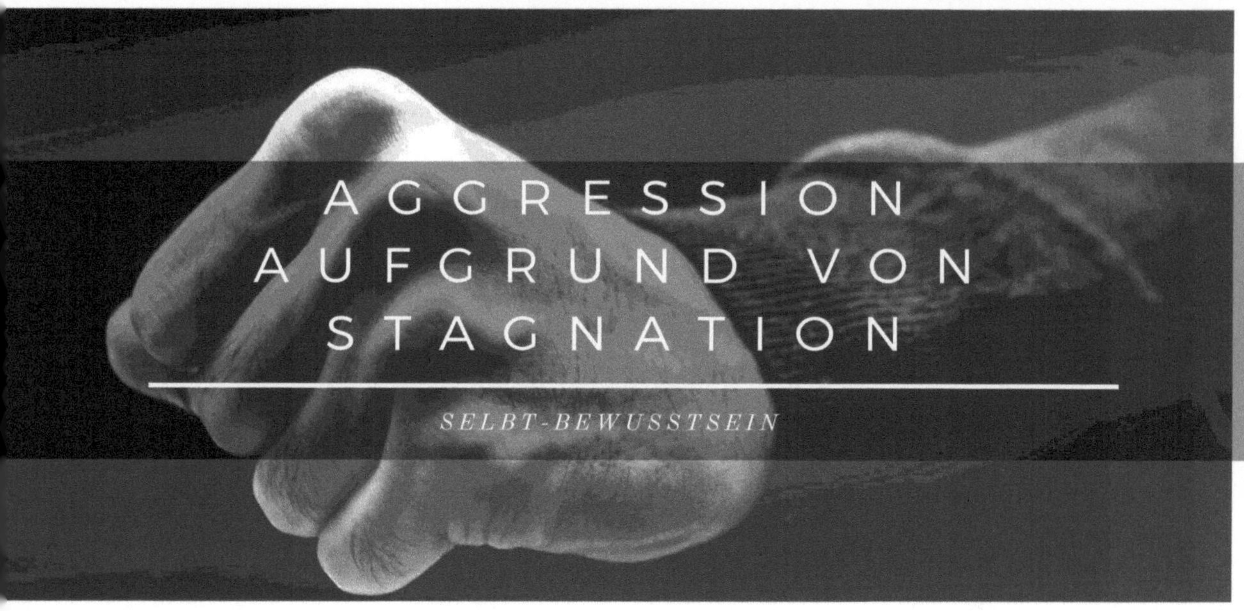

Es gibt eine ganz „interessante" Form der Aggression im Bereich Selbst-Bewusstsein, die sich anfängt aufzubauen, wenn sich das Gefühl von Stagnation einstellt.

Arbeiten, die man sonst einfach gemacht hat, weil sie zum Alltag dazu gehörten, wie Putzen, Kinder wecken, Schulbrote schmieren, Esstisch decken, Spülen, Waschen, Papierkram erledigen, all diese tausend kleinen Dinge gehen einem dann plötzlich von null auf hundert auf den Keks.

Man hat keine Lust mehr, jeden Tag um die gleiche Zeit aufzustehen. Man hat keine Lust mehr, den ganzen blöden Papierkram zu machen. Man würde am liebsten die Teller beim Spülen an die Wand schmeißen, die Kinder an-brüllen, den Partner anbrüllen. Die Hunde nerven einen. Alles nervt und das Gefühl, alles kurz und klein schlagen zu wollen, übermannt einen.

Was ist los?

Diese „Alltagsaggression" ent-wickelt sich, wenn deine Seele dir – ob nun bewusst oder unbewusst - einen Impuls gegeben hat, dass in deinem Leben noch mehr auf dich wartet, als das, was du gerade lebst. Wenn du anfängst zu fühlen, dass du eigentlich Flügel hast, aber irgendwie nicht in der Lage bist, sie zu spreizen, geschweige denn damit auch noch zu fliegen.

Die Welt wird plötzlich zu klein, zu eng, zu vorhersehbar. Immer das Gleiche, immer der selbe Trott.

Die Seele will dich mit dieser Aggression wachrütteln, um ins Tun zu kommen. Sich eben nicht mit Wolke 4 abzufinden, sondern nach Wolke 7 zu streben. Das, was einem lange vielleicht gereicht hat, passt nun nicht mehr.

GEFANGEN IM EIGENEN HAMSTERRAD

Wenn man das fühlt, aber nicht weiß, wie man aus dem selbstgebastelten Hamsterrad herauskommen kann, dann stauen sich die Gefühle auf und wandeln sich in Aggression der Stagnation. Aggression aufgrund des Gefühls festzustecken, wieder und wieder gegen die Wand zu laufen, nicht wissen, wie man die Flügel durch das eigene enge Korsett quetschen kann. Aggression, weil man fühlt, dass man jetzt unter seinen eigenen Potenzialen lebt. Dass man noch lange nicht das lebt und entfaltet, was eigentlich in einem steckt und man gerade nicht weiß, wo die Tür zu diesem gelobten Land sich befindet.

Das Bild eines Staudamms bietet sich hier sehr gut an. Irgendwann, aus irgendeinem Grund, hast du „innerlich" und höchstwahrscheinlich unbewusst einen Staudamm errichtet. Das freie Fließen des Lebensflusses wurde so unterbunden. Nun haben sich über lange Zeit deine Kräfte im Staubecken gesammelt. Wenn sich genug gesammelt hat, fängt die Wassermasse an gegen die Staumauer zu drücken.

Das, was zu Anfang als noch gut tragbar auszuhalten war, wird irgendwann als Last zu groß. Man kann die Staumauer nicht mehr lange aufrechterhalten. Der Damm droht zu brechen. All das angestaute Wasser will sich ergießen in die Freiheit. Achtung: Mit dieser Aggression kommt auch die Angst im Bereich Selbst-Bewusstsein: Es ist die Angst vor der Veränderung. Doch wenn der Damm bricht, bringt er eigentlich immer Zerstörung mit sich, weil zu viel Wasser auf einmal sich wieder in den Fluss ergießt.

Die Aggression macht uns darauf aufmerksam, dass hier die Gefahr eines Dammbruches besteht. Der könnte in der Realität so aussehen, dass man aufgrund seiner Aggression und dem Gefühl der Stagnation: Haus, Partner und Kinder einfach verlässt, weil man denkt, nur in der Freiheit kann man sein Glück finden. Die Gefahr ist ein radikaler, unbedachter Rundumschlag.

ZEIT ZURÜCK IN DEINEN SEELEN-FLUSS ZU FINDEN- FREI NACH DEINEM RHYTHMUS ZU FLIESSEN

Das ist es aber nicht zwangsläufig, wozu die Aggression dich auffordert. Die Aggression hier möchte dich einladen anzufangen, die Ventile zu öffnen, bewusst und im passenden Tempo das angestaute Wasser abzulassen. So dass der Fluss endlich wieder gespeist wird mit lebensspendender Energie, alle am Fluss und im Fluss lebenden Seelen können davon profitieren. Das letztendliche Ziel wird es dann sein, die Staudammmauer abzubauen, so dass der Fluss des Lebens wieder in seinen wunderschönen Bahnen fließen kann.

Also zusammengefasst: Die Aggression möchte dich darauf aufmerksam machen, dass deine Potenziale zu lange schon gestaut wurden und nicht so fließen, wie deine Seele es geplant hatte. Die Aggression lädt dich ein hier hinzuschauen und anzufangen, bewusst die Ventile zu öffnen, um die Spannung an der Staudammmauer zu lösen und aufbauend sich in den dahinter liegenden und wartenden Fluss zu ergießen, frei von Zerstörung.

Der nachfolgende Arbeitsbogen ist ein Vorschlag, wie man an diese Aggression herangehen kann,bzw. schon im Vorfeld, die ersten Anzeichen dessen erkennen kann, bevor die große Aggressionswelle hereinbricht. Es kann sein, dass es für dich gerade kein Thema ist und doch ist es gut, darum zu wissen, denn es gibt sehr viele Menschen da draußen, für die das durchaus sehr relevant ist.

AGRESSION AUFGRUND VON STAGNATION

Was war die Ausgangssituation? Was hast du gerade gemacht, als die Aggression kam?

Was hat dich genervt und warum?

Nach welcher Veränderung sehnst du dich? Was kannst du dafür tun?

Was brauchst du in deinem Leben, damit es dir besser geht?

Wir werden mit den unterschiedlichsten Potenzialen geboren. Der eine ist ein großer Redner und kann die Massen begeistern, der andere hat eine unglaubliche Geduld und stellt mit Liebe handgemachte Uhren her. Der nächste ist ein begnadeter Arzt und ein anderer wiederum hat heilspendende Hände. Millionen von Potenzialmöglichkeiten.

Nicht nur Millionen von Potenzialmöglichkeiten, nein auch Millionen von Möglichkeiten, diese Potenziale zu leben und dann nochmal Millionen Möglichkeiten, die unterschiedlichsten Potenziale miteinander zu verbinden. Ist das nicht großartig?

Du bist voller Potenziale, Doch häufig haben wir nicht gelernt, nach unseren Potenzialen zu schauen. Wenn wir keine „Wunderkinder" sind, die mit 6 Jahren virtuos Geige spielen oder mit 12 Wimbledon gewinnen, denken die meisten von sich, sie wären talentfrei.

Aber niemand ist talent- bzw. potenzialfrei. Wir haben einen Seelenplan. Wir haben eine Vorstellung von dem, was wir in diesem Leben auf die Welt bringen wollten, verwirklichen wollten und hierfür haben wir die passenden Potenziale mitgebracht.

Unser gesellschaftliches System ist aber nicht immer kompatibel mit unseren Potenzialen. Vielleicht schlummert in dir ein großartiger Stuntman und die Berufsberatung schlägt dir eine kaufmännische Ausbildung vor.

Wenn du jetzt nicht in deiner Freizeit „stuntmanische" Dinge auslebst oder während deiner Arbeit gewagt über Aktenberge hüpfst, wirst du über kurz oder lang „aggressiv" oder frustriert und vom Job genervt sein. Du lebst unter deinen Potenzialen.

Der Verstand hat dich beschwatzt, einen Weg einzuschlagen, der vermeintlich sicher und behütet schien, der aber nicht deinem Seelenplan entspricht.

DER SPRUNG IN DIE EIGENE GRÖSSE

Es gibt durchaus Menschen, die können so durch ihr gesamtes Leben gehen und das ist auch völlig in Ordnung so.

Aber wenn dich dein Leben nervt, gewisse Situationen dich nerven, du in dir fühlst, dass es da noch mehr geben muss, dann macht es Sinn, mit Tatkraft die eigenen Potenziale zu ergreifen und ins Leben zu integrieren. Häufig begleitet dich ein Gefühl, dass sich etwas ändern muss im Leben. Dass man so, wie es jetzt ist, auf Dauer nicht mehr glücklich sein kann. Man fühlt, dass eine Wandlung stattfinden muss, um wieder Lebensfreude und Lebensbegeisterung fühlen zu können.

Hier ist es wichtig, dass wir anfangen, unsere Potenziale zu ergründen. Was kann man so richtig gut? Was wird man nie müde zu tun?

Unsere Potenziale wollen gelebt werden. WICHTIG: Um herauszufinden, was unsere Potenziale sind und in welcher Form wir die Potenziale in der Welt leben wollen, bedarf es häufig eines Ausprobierens.

Aber irgendwie scheint vielen Menschen „ein Ausprobieren" nicht erlaubt worden zu sein, von zu Hause, von der Schule usw.

So viele Menschen denken, dass der erste Schuss gleich der Treffer sein muss. Wenn man nicht trifft, dann kann man es doch nicht und lässt alles sein.

Mit Abstand betrachtet: verrückt, oder? Was glaubt ihr hat ein Boris Becker trainiert, um Weltranglisten Tennis-Erster zu werden? Selbst Mozart wurde von seinem Vater zu stundenlangem Klavierüben gezwungen, damit sein angelegtes Potenzial zu seiner vollen Entfaltung kommen kann.

Unsere Potenziale schlummern in uns, aber man muss sie ergreifen, mit ihnen arbeiten, lernen, immer besser mit ihnen umzugehen. Lernen, neu-machen, lernen anders-machen.

Das ist ein Weg. Also gib dir selbst die Erlaubnis, dich auszuprobieren.

Das Leben möchte entdeckt werden. In all seinen Möglichkeiten genommen werden. Und ja, man darf es. Man braucht keine fünfzig Jahre im gleichen Job auszuharren, weil MAN das so macht. Das kann man tun, wenn man absolut happy ist mit dem, was man tut. Prima. Aber ansonsten lote aus, wo du dich am richtigen Platz fühlst. Wo und womit es dir gut geht.

Wenn man sich mit seinen Potenzialen am richtigen Platz befindet, dann öffnen sich alle Türen und die Energie sprudelt nur so über. Dann macht das Leben plötzlich einen Sinn.

Wichtig ist hier, auf die Stimme der eigenen Seele zu hören und sich frei zu machen von der Bewertung von außen. Wenn du es liebst, Mutter zu sein, dann sei mit ganzem Herzen Mutter. Auch wenn Karrieremütter gerade en vogue sind. Wenn du von ganzem Herzen gerne Lehrer bist, dann lehre in dem Gebiet, wo du selbst absolut von begeistert bist. Es ist dein Leben. Es ist so schade, wenn man aufgrund von anderen Meinungen und Ansichten seine Potenziale nicht entfaltet und lebt. Nur um sich anzupassen, sein Licht klein hält.
Darum ermutige ich dich: Probier dich aus, teste deine Potenziale aus, finde heraus, wo dein Platz ist. Deine Seele ruft dich und deine Potenziale möchten sich entfalten und gelebt werden.

DEINE POTENZIALENTFALTUNG

Dein Traumberuf oder was wolltest du schon immer machen in deinem Leben?

Was tust du am allerliebsten in deinem Leben und warum? Wie fühlst du dich dabei?

Was kannst du so richtig gut?

Was möchtest du jetzt ausprobieren, um deine Potenziale noch mehr zu entfalten?

ANGST VOR DER VERÄNDERUNG

Je mehr wir uns unserer selbst bewusst werden, je mehr wir unsere Potenziale erkennen und annehmen, desto mehr werden wir uns verändern. Das ist unumgänglich. Das alte „Ich" muss weichen und transformiert sich zum neuen „Ich". Aber davor haben sehr viele Menschen Angst. Tausende von „Was, wenn… " -Fragen und „Ja, aber…" -Einwände stehen sofort parat.

Die große Sorge hinter der Veränderung ist in erster Linie der Verlust. Tendenziell ist es ja richtig, wenn du dich veränderst, verlierst du sozusagen das alte „Ich".

Es wird ersetzt. Die Schlange häutet sich und lässt ihre alte Haut zurück. Sie benötigt sie nicht mehr.

Das ist das Paradoxe in diesem Aggressions-/Angst-Spiel im Selbst-Bewusstseinsfeld.

Auf der einen Seite ist uns die Welt zu klein und zu einengend, so wie wir uns eingerichtet haben, aber auf der anderen Seite, haben wir Angst, unseren kleinen, engen Bereich zu verlassen, um herauszufinden, ob tatsächlich noch Größeres auf uns wartet.

„Was, wenn mich dann mein Partner verlässt?", „Was, wenn ich dann meinen Job, meine Wohnung, mein Auto, meine gute Abfindung etc. verliere?" Ja, was wäre dann?

Dieses Spiel kann man ruhig einmal gedanklich durchspielen bis zum Ende: "Was, wäre wenn…". Immer weiter und weiter. Die Antworten, die du findest, sagen sehr viel über dich und deine Gedanken aus, die du in die Welt gibst. Probiere es ruhig aus.

Ich bin nicht hier, um dich zu überreden, deine Flügel zu spreizen. Ob jemand springen will, um endlich zu fliegen, diese Entscheidung obliegt einem selbst. Ein jeder trägt auch hier für sich die Verantwortung.

IM SELBST-BEWUSSTSEIN LIEGT DIE ERKENNTNIS DER SELBST-VERANTWORTUNG

Wenn die „was, wäre wenn…" -Szenarien und die „Ja, aber…" -Einwände so dominant sind, dann ist die Zeit des Fliegens und der Veränderung noch nicht gekommen. Der Druck auf die Staumauer ist noch nicht groß genug. Dann lass es ruhen. Man kann niemanden zu seinem Glück zwingen. Das geht immer nach hinten los. Wenn die Ängste, das Nest zu verlassen, noch sehr starke Zugkraft haben, dann darfst du noch im Nest verweilen, bis es einfach zu eng wird oder man bis an sein Lebensende eingequetscht lebt. Das ist alles möglich. Wir leben auf dem Planeten der Freien Wahl. Du wählst, Die anderen Menschen wählen.

Seine Potenziale auszuprobieren, um herauszufinden, wo der sich am besten anfühlende Lebensplatz jetzt ist, erfordert den Mut zur Veränderung und das bedeutet zeitgleich: Man muss sich trauen, sich seinen Ängsten vor Veränderung zu stellen. Man muss sich trauen, auch die Konsequenzen des eigenen Handelns zu tragen

Diese Angst ist eine der größten Hemmschwellen auf unserem Weg der Seelenentfaltung. Wir wissen nicht, was das Neue uns bringen wird. Wir wissen nicht, ob der Weg, den wir einschlagen, wenn wir uns bewegen, uns ins gelobte Land bringen wird. Es gibt keine Garantien. Aber eins ist gewiss. Wenn du dich nicht bewegst, wenn du dich nicht veränderst -die Seele strebt nach stetiger Weiter- und Höherentwicklung- kann es sein, dass das Leben kommt und von außen die Veränderung einfordert. Das ist meistens sehr viel schmerzhafter, als hätte man sich vorher freiwillig von alleine bewegt. Das kann sein. Muss aber nicht.

Es kann auch sein, dass du gemütlich all die Einladungen des Lebens, größer zu werden, erfüllter zu leben, aussitzt im zu kleinen Nest. Auch das ist möglich.

Je nachdem, welchen Seelenplan du dir vorgenommen hast.

Aber Ängste im Leben zu haben und nach ihnen zu handeln und Entscheidungen zu treffen, ist selten eine fruchtbare Angelegenheit. Darum ist es immer gut, ehrlich mit sich und seiner Ängsten umzugehen, sich ihnen zu stellen und am besten in Mut zu wandeln.

ANGST
VOR DER VERÄNDERUNG

Welche Veränderungen stehen jetzt an in deinem Leben?

Wovor hast du am meisten Angst bei dieser Veränderung?

Was kann dir Mut und/oder Kraft spenden?

Worüber würdest du dich am meisten freuen bei der Veränderung?

MUT
NEUE WELTEN UND RÄUME ZU EROBERN

Je weiter sich das Seelenentwicklungsfeld „Selbst-Bewusstsein" höher schwingend im Sein integriert, desto mutiger und freudvoller erobert man neue Welten und Räume. Man fängt sozusagen an, die Veränderung und die Wandlung des eigenen Selbst zu lieben. Sich selbst zu erkennen mit allen Facetten, den irdischen, den geistigen, den himmlischen, den seelischen. Alles wird als Bereicherung und nicht mehr als Gefahr, welche das Leben ins Wanken bringt, gesehen.

Je weiter man sich hier entwickelt, desto weniger hält man starr und verkrampft an den eigenen Lebensumständen fest. Es geht um den Mut weiterzugehen, um den Mut, sich stetig zu wandeln und nicht am Alten, Überholten starr festzuhalten. Es geht hier um Pioniergeist und Entdeckerfreude, wissend, dass das Leben immer neue Geschenke und Bereicherungen für uns bereithält, wenn wir den Mut haben, aus den engen Räumen herauszutreten, die wir selbst einst festgelegt haben. Wenn wir den Mut haben, die eigenen begrenzenden Mauern niederzureißen, um zu schauen, welche fantastischen Welten es noch zu entdecken gibt. Selbst-Bewusstsein hat viel mit Entdeckergeist zu tun. Die Lust daran, sich selbst zu entdecken, das Leben zu entdecken. Neue Pfade auszuprobieren, neu zu beginnen. Auch wenn man Angst hat. Es ist nichts Schlechtes daran, auch Angst zu haben, weil wir nicht wissen, was da vielleicht noch kommen mag. Aber die große Kunst ist es, diese Angst zu überwinden und es zu wagen, herauszutreten in die große, weite Welt hinein.

Auch ein Pionier fällt mal auf die Nase, macht Erfahrungen, die jetzt nicht Jubelschreie hervorrufen. Den Mut, neue Welten und Räume zu erobern, ist wie Laufen lernen. Man fällt vielleicht zu Anfang hin. Aber jedes Hinfallen lehrt dich etwas, jedes Hinfallen wird dich dabei unterstützen zu erkennen, wie es nicht geht. Es wird dir helfen, Alternativen zu suchen und zu finden. Solange bis du laufen kannst. Dann gibt es eigentlich kein Halten mehr. Nichts, was nicht noch erobert und entdeckt werden kann.

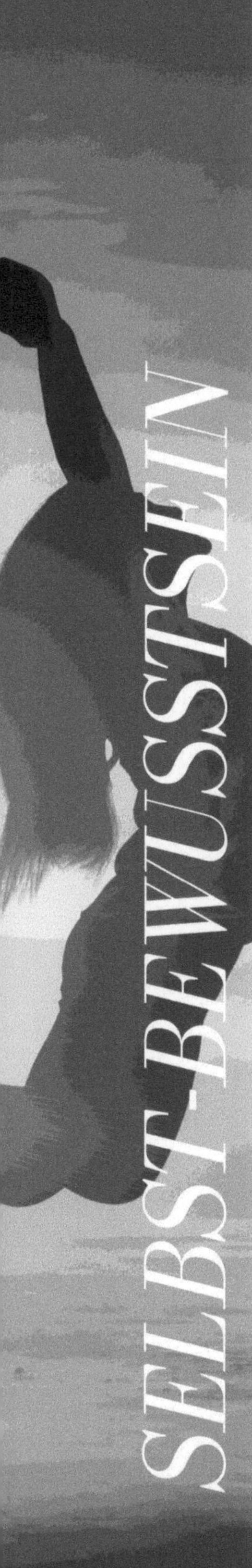

MUT
NEUE WELTEN ZU EROBERN

Welche Räume – welche Welten möchtest du in diesem Leben noch erkunden?

Was möchtest du unbedingt noch erfahren in diesem Leben?

Wie zeigst du Mut? Wie drückt sich dein Mut aus?

Wie kannst du deine Ängste beschwichtigen? Wie kannst du dich selbst zur Ruhe bringen?

Im Entwicklungsfeld „Selbst-Bewusstsein" befinden sich auch alle Aspekte zur Geburt. Und zwar von der realen Geburt hier als Mensch auf der Erde bis hin zu jeder Geburt, die man in jedem Transformationsprozess im Laufe seines Lebens erfahren darf.

Deine Geburt kann sehr viel über dich und wie du „Neuanfänge" und Transformationsphasen in deinem Leben angehst, erzählen. Darum kann es sehr hilfreich sein, einmal zurückzugehen zur eigenen Geburt.

Wenn du noch nichts darüber weißt, dann frag deine Mutter und/oder deinen Vater, wie deine Geburt wahrgenommen wurde.

Bist du pünktlich gekommen? Oder hast du dir Zeit gelassen. Wie lange dauerte dann die tatsächliche Geburt? Welche Komplikationen gab es eventuell? Was gibt es Besonderes zu erwähnen?

Ich z.B. habe mir wirklich Zeit gelassen und es schien, dass ich überhaupt nicht kommen wollte und dann ging es aber plötzlich ganz schnell und –schwupps- ich war da. Dieses Verhalten hat sich lange durch mein Leben durchgezogen. Ich war eine absolute Dramaqueen, was Transformationsphasen anging. Aus Angst da durchzugehen, wollte ich lieber sterben, habe das Leben hier auf der Erde verflucht und fand gelinde gesagt alles sche… Dann machte es plötzlich –plopp- und die Veränderung war da und dann fand ich wieder alles Klasse und ganz wunderbar. So kann man wirklich seine ganze Familie verrückt machen.

Für viele Menschen ist die Geburt eine essentielle Angelegenheit, die nachhaltige Auswirkungen haben kann auf das ganze Leben. Die Erkenntnis der Parallelen zu Transformationsprozessen kann sehr beeindruckend sein und einem helfen, mit den Wandlungsphasen entspannter umzugehen.

MEINE GEBURT

Wie geht es dir damit am Leben zu sein – jetzt hier auf der Erde?

Wie verlief deine Geburt?

Wie wurdest du von deiner Familie begrüßt? Welche Gefühle hatten sie?

Welche Parallelen zu deinen Transformationsphasen kannst du eventuell erkennen?

Letztendlich geht es im „Selbst-Bewusstseinsfeld" darum, den Hass auf das Leben zur Liebe zum Leben zu wandeln. Natürlich kann man auch weiterhin mal genervt oder frustriert sein über manche Lebensereignisse. Wir sind nun mal alle emotionale Menschen auf unserem Entwicklungsweg. Aber die Liebe zum Leben wird, je weiter du dieses Feld ergreifst, ein Grundgefühl, welches dich ständig durchströmt.

Die Liebe zum Leben lässt dich die Transformationsprozesse besser meistern, weil die Erkenntnis vorhanden ist, dass es hinterher „IMMER" besser ist als vorher. Man transformiert sich NIEMALS herab. Es geht nur voran. Das mag man in der Regel nicht glauben, wenn man gerade im dunklen Tunnel steckt. Auch hier kannst du wieder Parallelen zur Geburt ziehen. Die Arbeit, die das Kind, mit der Mutter zusammen, leisten muss, um in das Licht der Welt zu gelangen, ist nicht gerade ein Zuckerschlecken.

Man kämpft sich mit dem Kopf voran durch den Geburtskanal. Es ist dunkel, es ist eng, man weiß nicht, wie lange es noch dauern wird oder was einen auf der anderen Seite erwarten wird. Vielleicht wird die Luft wenig, man hat das Gefühl nicht mehr atmen zu können, man möchte vielleicht zurück in die warme, schutzgebende Gebärmutter. So fühlen sich auch oft unsere Transformationsprozesse an. Wiederkehrende Geburten in einen jeweils neuen Lebensabschnitt. Je mehr man in Frieden ist mit seiner Geburt und dass man jetzt hier auf Erden sein Leben bestreitet, desto leichter fühlen sich die Transformationsprozesse an. Desto mehr trägt man in sich die Gewissheit, dass am Ende des Tunnels ein Licht sein wird. Es ist so. Diese Erkenntnis gehört zum „Selbst-Bewusstsein". Man ist sich dessen bewusst. Das große Spiel von Leben und Sterben, welches wir durchweg durchlaufen während unseres Lebens, wird einem bewusster und bewusster, je weiter man dieses erste Seelen-entwicklungsfeld nach oben wandert.

DIE GROSSE LEBENS-LIEBE

Was liebst du so richtig, aus ganzem Herzen an deinem Leben?

Was würdest du gerne noch mehr lieben?

In welchen Lebensbereichen fehlt die Liebe komplett?

Was darf sich wandeln, damit du Liebe in allen Lebensbereichen fühlen kannst?

Je weniger man sich seiner selbst und dem eigenen Leben bewusst ist, desto mehr hat man häufig das Gefühl, der Spielball des Lebens zu sein oder der Spielball einer übergeordneten Macht, wie z.B. Gott.

Man gibt hier die Verantwortung über das eigene Leben ab und erkennt nicht, dass alles, was einem im Leben geschieht, immer mit einem selbst zu tun hat.

Der Spielball zu sein, macht einen über kurz oder lang traurig und hilflos. Ohne sich seiner selbst bewusst zu sein, kann man nicht verstehen, wieso einem was, weshalb in diesem Moment passiert. Man wird zum „Reagierenden" statt zum „Agierenden". Wenn man die kosmischen Gesetze, die Seelengesetze usw. nicht kennt, dann tut sich eben schnell das Gefühl auf, keine Kontrolle über das eigene Leben zu haben.

Achtung: Unter dem Selbst-Bewusstseinsfeld kommt folgendes unterschwellige Gefühl dazu: das Gefühl des Versagens bzw. ein Versager zu sein. Als Spielball, der die Kontrolle nicht über das Geschehen hat, beginnt man das „Glas ist halbvoll/halbleer" Spiel zu spielen.

Stell dir vor, du bist der Fußball bei einem Fußballspiel. Eine Mannschaft wird gewinnen und eine Mannschaft wird verlieren oder manchmal gibt es auch ein Unentschieden. Du, als Spielball entscheidest, je nach der eigenen Befindlichkeit, ob du dich für das Spiel der Siegermannschaft entscheidest. Dann ist dein Glas halbvoll und du hast das Gefühl, dass es irgendwie gerade ganz gut läuft in deinem Leben. Oder du entscheidest dich für das Spiel der Verlierermannschaft. Dann ist das Glas halbleer und du hast das Gefühl, dass es gerade echt schlecht läuft in deinem Leben. ABER: letztendlich ist es immer das gleiche Spiel. Nur häufig steuern unser Ego und unsere Emotionen die Richtung, welche wir gerade einschlagen. Aber du bist hier immer noch "nur" der Ball.

SPIELBALL ODER SPIELENDER - DAS IST HIER DIE FRAGE

Das hört auf, je selbst bewusster man wird. Immer mehr durchdringt einen die Erkenntnis, dass man eben nicht der Ball ist, sondern der Spieler und dass es in deiner Entscheidung liegt, wie du das Spiel mit dem Ball spielen willst. Du wechselst sozusagen die Position. Vom willenlosen Gegenstand wirst du zum Schöpfer des Geschehens. Manchmal verliert man trotzdem das Spiel. Allerdings weißt du als Spieler, woran es gelegen haben könnte. Welche Technik man vielleicht noch nicht so gut beherrscht hat oder durchschaut hat, um das Spiel zu einem siegreichen Abschluss zu führen. Aber als Spieler weißt du auch, dass du genau an diesem Lernfeld noch arbeiten kannst, um deine Technik zu verfeinern und zu verbessern. Du weißt, dass das Spiel in Anführungsstrichen nie vorbei ist, sondern du immer daran arbeiten kannst, um zufrieden zu sein mit dem eigenen Spiel. So wandelt sich auch das Gefühl der Traurigkeit des Versagens

Denn man kann im Selbst-Bewusstseinsfeld mehr und mehr erkennen, dass es kein Versagen gibt. Es gibt nur ein Erkennen und Durchdringen des eigenen Selbst. Ein kleines Kind, welches beim Laufen lernen immer wieder hinfällt, würden wir auch kein Versagen unterstellen, sondern ein Üben bis es endlich klappt.

So ist es auch in unserem Leben. Wir versuchen, wir fallen, wir stehen auf, wir versuchen, so lange bis es läuft im wahrsten Sinne des Wortes. Im Aufstieg in der Selbst-Bewusstseinsspirale liegt das Wissen darum, dass wir die Spielemacher sind. Wir sind die Läufer, nicht die Schuhe. Wir sind der Spieler, nicht der Ball.

Diese Erkenntnis kann wahrhaft befreiend sein und deinen Blick auf das eigene Leben komplett zum Positiven wandeln.

DU HAST SO VIELE VERSUCHE, WIE DU BRAUCHST, UM LAUFEN ZU LERNEN.

Es braucht Geduld und Liebe, das Gefühl von der Opferrolle, sprich Spielball, zu wandeln in „Spielemacher sein". Vor allem: die Wandlung vom Spielball zur Eigenverantwortung. Wenn wir das wahrhaft verinnerlichen, dann treten wir aus der Opferrolle heraus. Das Spiel der Schuld, von Schicksal, Zufällen und einem ungerechten Gott hört auf. Das ist der Moment, wo man in sein volles Kraftpotenzial eintauchen kann, um von dort schöpferisch tätig zu sein.

Um zu erkennen, wo man noch nicht in seiner wahren Schöpferkraft angekommen ist, kann es hilfreich sein, sich die Punkte in seinem Leben anzuschauen, wo man schnell in die „ich fühl mich als Versager" - Schiene abrutscht. Man denkt in diesem Punkt von sich selbst schlecht. Wenn man von sich selbst schlecht denkt, kann es ein Hinweis darauf sein, dass man in diesem Bereich noch nicht sein volles Potenzial lebt. Dass man noch verhaftet ist in Aussagen, die andere, wie z.B. die Eltern, Partner etc., über uns und unser Können gesagt haben und dieses haben wir unter Umständen in unser Denken über uns selbst übernommen. Wir nehmen uns an diesem Punkt auch die Vorwürfe und Kritik von außen sehr zu Herzen. Zum Beispiel, wenn deine Kinder dir sagen, du seist keine gute Mutter oder kein guter Vater, obwohl du vielleicht alles tust, was möglich ist. Dein Partner dir unterstellt, du seist kein guter Partner. Der Chef dir sagt, du seist unfähig in deinem Job usw.

Das Gefühl des Versagens macht uns eigentlich immer traurig, manchmal auch hoffnungslos und kann in der Verzweiflung, nicht lebensfähig zu sein, enden. Versagen ist jedoch immer nur ein Richtmesser uns aufzuzeigen, dass wir noch nicht das Ziel erreicht haben, welches wir erreichen wollten. Dass wir noch ein wenig mehr üben und lernen dürfen, vielleicht auch eine Strategie ändern dürfen, damit wir am Ende die Ziellinie auch erreichen. Wir haben unendlich viele Versuche frei. Vielleicht nicht immer mit den gleichen Mitspielern, aber für das generelle "Lernthema" schon.

KRITIKER SAGEN VIEL MEHR ÜBER SICH ALS ÜBER DEN ANDEREN AUS.

Andere Menschen sind sehr schnell dabei, ihr Gegenüber zu kritisieren. Aber eigentlich sagt Kritik immer etwas über den aus, der kritisiert und häufig weniger über den der kritisiert wird.

Trifft dich die Kritik, dann liegt hier noch etwas im Verborgenen, was noch ins Bewusstsein geholt werden möchte. Trifft dich die Kritik ganz ehrlich und wahrhaftig nicht, dann bist du mit dem Thema derzeit im Frieden. Du kannst die anderen „reden lassen" und entspannt deinen Weg weiterverfolgen. Die Seele kennt kein Versagen. Auf Seelenebene kann man einfach nicht versagen, sondern nur bewusst oder unbewusst schöpfen und daraus die Resultate ernten im stetigen Bestreben, sich seiner selbst mehr und mehr bewusst zu werden.

Auf der nächsten Seite habe ich dir einen kleinen Arbeitsbogen ausgearbeitet, in dem wir uns mal mit der Frage „Versagen" auseinandersetzen können

VERSAGEN

In diesem Bereich habe ich die größte Angst zu versagen?

Was wäre das Schlimmste, was passieren könnte, wenn du versagst?

Wo in deinem Leben fühlst du dich als Spielball bzw. Marionette?

Von wem lässt du dich lenken und eventuell auch von deinen eigenen Zielen abbringen?

VERSAGEN

Welche Kritik trifft dich am meisten? Und von wem?

Was gibt es hier für dich zu lernen und zu erkennen?

Welches Ziel möchtest du jetzt erreichen?

Was darfst du dafür noch lernen? Verbessern? Angehen?

FREUDE DER SCHÖPFERKRAFT

Anstatt sich die eigene Schöpferkraft zu „versagen", geht es im Selbst-Bewusstseinsentwicklungsfeld immer mehr dorthin sich die eigene Schöpferkraft zu erlauben. Man darf der Schöpfer des eigenen Lebens sein. Das ist unser Ausgangspunkt von allem. Das Ergreifen der ureigenen Schöpferkraft ist DER rote Faden in unserer gesamten Seelenarbeit.

Ich darf schöpfen, du darfst schöpfen, dein Partner, deine Kinder, deine Eltern, deine Klienten: alle dürfen schöpfen. Alle dürfen dabei Fehler machen. Alle dürfen dabei stolpern, fallen, am Boden liegen und heulen, schreien und wütend sein, auf sich selbst. Dann dürfen wir uns selbst erkennen und dürfen die großen Zusammenhänge erkennen. Wir dürfen aufstehen und es wieder machen und wieder und wieder. So lange bis wir voller Freude durch unser Leben schreiten, voller großartiger Schöpferimpulse.

Eben wie ein kleines Kind, welches gerade laufen gelernt hat. Die tollsten Ideen hat man dann im Kopf, die alle ausprobiert werden wollen. Dort, wo die Freude ist, verweilen wir für einen kurzen Augenblick, um dann weiter fortzuschreiten, denn es gibt auch noch so unglaublich viel zu entdecken, unglaublich viel zu schöpfen. Dafür reicht ein Leben ja niemals aus.

Je mehr Selbst-Bewusstsein sich in dir entfaltet, desto bewusster werden deine Schöpfungsprozesse. Durch die Selbsterkenntnis gelangen wir zu dem Wissen, was uns gut tut und was uns derzeit nicht so gut tut. Was sich durchaus im Leben wandeln darf.

Vielleicht tut dir ausgiebig Sport eine Zeit lang richtig gut und dann gibt es Phasen, wo es nicht zu dir gehört. Phasen, wo du dich vegetarisch ernährst und Zeiten, wo du Fleisch brauchst. Zeiten des Alleinseins und Zeiten der Geselligkeit oder Zeiten der Zweisamkeit. Wir sind immer im Wandel. Das große Geschenk des Selbst-Bewusstseins ist, dass du immer besser erkennst, in welcher Wandlungsphase du dich gerade befindest.

Deine Schöpferkraft kann dir keiner nehmen, außer du dir selbst, in dem du ins „Unbewusstsein" gehst.

Doch je bewusster du auf dem Weg dieses Seelenentwicklungsfelds gehst, umso klarer und zuverlässiger wirst du als Schöpfer deiner Realität. Das macht Freude.

Die Schöpferkraft ist die Freude im Selbst-Bewusstseinsentwicklungsfeld.

Ich wünsche dir von Herzen eine großartige Schöpfung und ein erfüllendes Leben.

DEINE LEBENSZEIT IN DEINEN HÄNDEN - MACH DAS BESTE DARAUS

Im Selbst-Bewusstsein wirst du immer besser erkennen, was du jetzt brauchst, was jetzt in deiner Schöpfung vorkommen sollte, damit es dir weiterhin gut geht auf deinem Lebensweg.

Aus dem Selbst-Bewusstsein heraus zu schöpfen ist großartig. Es bedeutet nicht, dass der Weg nicht trotzdem auch mal steinig ist, dass nicht trotzdem mal etwas schief geht. Aber du kennst die große Marschrichtung. Du kannst mit den Steinen auf deinem Weg arbeiten, du weißt die Fehler zu nutzen und zu ergreifen.

Schöpfer des eigenen Lebens sein zu dürfen, ist das größte Geschenk überhaupt. Wir nennen es den Freien Willen. Aber eigentlich sagt dieser Freie Wille doch nur: Du gestaltest dir dein Leben nach deiner Wahl. Du bist der Schöpfer.

MEINE
GROßARTIGE
LEBENSSCHÖPFUNG

CREATIVE ART PAGE

SEELEN SPRAY
Selbst-Bewusstsein
BASIS REIHE
www.urvertrauen.de
Ich bin der Schöpfer meiner Realität

NEUBEGINN
SELBST-BEWUSSTSEIN

BASIS REIHE

ÜBERSICHT

Die Einladung den Mut zu finden, das Leben wirklich auszuprobieren, zu erfahren. Den Mut zu finden, Neuland zu betreten und zu seinen eigenen Bedürfnissen zu stehen. Die Einladung, dich deiner selbst immer bewusster zu sein.

ALLGEMEIN

Farbe
kräftiges rot

Duft
würzig-kräuterig
Thymian, Neroli, Rosmarin u.a

STICHWÖRTER

- sich seiner selbst bewusst werden
- Aufbruch ins Neue
- Tatendrang, Pionierarbeit
- Drang nach Veränderung
- die eigene Größe entdecken

ANZEICHEN

- Angst vor dem Neuen
- nicht wissen, wer man ist
- seine eigenen Potenziale nicht erkennen oder anerkennen
- Aggressionsthemen
- Mutlosigkeit

HINWEIS

Das Spray lädt dich ein, dir deiner ureigenen Stärken bewusst zu werden und den Mut zu finden, diese auch anzuwenden in deinem Leben, um Erfüllung und wahren Frieden zu finden

ANWENDUNG

- um die eigenen Potenziale zu entdecken
- um sich seiner selbst bewusst zu werden
- um mutig zu sein
- um in der Ruhe zu bleiben
- um Aggression in Tatkraft zu wandeln

SEELENFRAGEN

- Wer bin ich?
- Wer möchte ich sein?
- Was nimmt mir die Luft zum Atmen?
- Wozu fühle ich mich berufen?
- Was macht mich wütend?

AFFIRMATIONEN

Ich bin alles, was ich sein möchte

Ich bin der Bestimmer über mein Leben

Selbst-Bewusstsein

Ich erreiche alle meine selbstgewähltten Ziele

*Diese Hürden darf
ich jetzt meistern*

*Dahin möchte ich
mich wandeln*

Meine Notizen zum Spray

ICH VERNEIGE
MICH VOR DIR
UND DEINER
SCHÖPFUNG.
MÖGE SIE
LICHTVOLL UND
SEGENSREICH
SEIN.
DANKE FÜR DEIN
WIRKEN.
HERZENSGRÜSSE
DEINE JENNIFER

SOUL-TO-GO

für deine Seelen-Entfaltung
by Jennifer Weidmann

SELBST-WERT
Seelen-Entwicklungsfeld

SELBST-ACHTSAMKEIT
Seelen-Entwicklungsfeld

SELBST-LIEBE
Seelen-Entwicklungsfeld

SELBST-BEHERRSCHUNG
Seelen-Entwicklungsfeld

SELBST-ERKENNTNIS
Seelen-Entwicklungsfeld

SELBST-ERFÜLLUNG
Seelen-Entwicklungsfeld

SELBST-VERWIRKLICHUNG
Seelen-Entwicklungsfeld

SELBST-VERTRAUEN
Seelen-Entwicklungsfeld

AND MORE
ARE COMING
SOON

auf
amazon - bod - www.urvertrauen.de
und in jeder Buchhandlung bestellbar

SCHNELLÜBERSICHT BASIS REIHE

WWW.URVERTRAUEN.DE

SELBST-SICHERHEIT / SCHUTZ

- Schutz
- sich seiner sicher fühlen
- seine Grenzen kennen
- Schutz der eigenen Hochsensibilität

SELBST-BEWUSSTSEIN / NEUBEGINN

- sich seiner Selbst bewusst sein
- Aufbruch ins Neue
- Pionierarbeit
- die eigene Größe leben

SELBST-WERT / KRAFT

- sich selbst wertschätzen
- die eigenen Kräfte weise einsetzen
- das eigene Leben in die Hand nehmen

SELBST-ACHTSAMKEIT / KOMMUNIKATION

- sich selbst gegenüber achtsam handeln, denken und sprechen
- wissen, was man braucht zum Wohlfühlen

SELBST-LIEBE / LIEBE

- sich selbst annehmen, so wie man gerade ist
- sich selbst und das eigene Leben lieben können
- liebevoller Umgang mit sich selbst

SELBST-BEHERRSCHUNG / MACHT

- über das eigene Leben die Macht haben
- wissen, wo es lang gehen soll im eigenen Leben
- Konstruktives Aufbauen

SELBST-ERKENNTNIS / ORDNUNG

- die großen Zusammenhänge im eigenen Leben erkennen können
- Seelenweisheit
- sich selbst verstehen

SELBST-ENTSCHEIDUNG / FRIEDEN

- in der Lage sein weise Entscheidungen für sich und das eigene Leben zu fällen
- Harmonie und Ausgleich
- Frieden im eigenen Leben

FSC
www.fsc.org
MIX
Papier aus ver-
antwortungsvollen
Quellen
Paper from
responsible sources
FSC® C105338